# Go raibh míle mór millteach:

Ba mhaith le Futa Fata buíochas a ghlacadh leo seo faoin gcúnamh a thug siad an leabhar seo a chur ar an saol:

Na haisteoirí: – Clíona (Aifric), Traolach (Kevin), Gráinne (Sophie), Maidhc (Josef ), Claudia (Sláine), Jimín (Cárthach), Muireann (Máirín), Céitilís (Samantha), Leo (Christy), Bláth (Mary-Louise), Bertie (Eoghan), Gráinne Dub (Bróna), Norah Ellen (Aisling)
Foireann iontach Telegael agus Stiúideo Solas, go háirithe Micheál Mhaidhceo Ó Domhnaill, Lucia "Legend" Gavin, John Brady, Paul Cummins agus Clodagh Ní Bhric

Ba mhaith leis na léiritheoirí, Telegael, buíochas a ghlacadh leis na daoine agus na dreamanna seo a thug cúnamh an clár Aifric a dhéanamh:

TG4, (go háirithe Micheál Ó Meallaigh agus Lís Ní Dhálaigh); Bord Scannán na hÉireann, Coimisiún Craolacháin na hÉireann.

Ba mhaith leis an gcruthaitheoir, Tadhg Mac Dhonnagáin buíochas ar leith a ghlacadh lena chuid comhscríbhneoirí: Róise Goan, Trish Forde agus Ailbhe Nic Giolla Bhrighde, leis an stiúrthóir Paul Mercier agus leis an gcriú iontach ar fad a chuir fís Aifric ar an scáileán chomh críochnúil, snasta, álainn sin.

Ba mhaith le Dara Jauch, eagarthóir an leabhair, buíochas a ghlacadh leis na daoine seo a chuir comhairle orainn faoin ábhar: Caoimhe Jauch, Marcus Mac Dhonnagáin, Éabha Nic Dhonnagáin – agus go speisialta do Shiobhán, Matthias agus Conor faoin gcúnamh agus faoin tacaíocht.

Ceol – Na Chalets/Liricí Gaeilge – Tadhg Mac Dhonnagáin
(bunaithe ar an amhrán "Let's Get Lost" leis na Chalets)

# Ar Strae Ón Saol
## (Amhrán Aifric)

Nuair a bhíonn tú óg
Siúlann tú an ród
Féileacáin ag rince romhat
Osclaíonn do shúil
Dúisíthe ón suan
Athraíonn do shaol go buan

Seo mé ar aistear, seo mo scéalsa
Seo mé ar aistear, anonn 's anall a théim
Uaireanta ar strae, le fáinne geal an lae
Uaireanta ar strae ón saol.

# Focal ón Eagarthóir

Uaireanta tagann clár ar an teilifís atá speisialta. Tar éis é a fheiscint, deireann tú leat féin "Sin mise!" nó "Sin mo dheartháir beag gránna!" nó "Uaireanta bíonn mo Mham féin chomh dona léi siúd!"

Sin é an saghas cláir é Aifric. Nuair a thosnaíos ag obair ar an leabhar seo, fuaireas amach go bhfuil sé an-deacair clár mar sin a dhéanamh. Nuair a bhuaileas leis na haisteoirí, thuigeas cé chomh dian is a bhí siad ag obair. Agus ní amháin na haisteoirí, ach gach éinne a bhí ag obair ar an seó. Bíonn an-chraic acu agus baineann siad an-taitneamh as, ach nuair a bhíonn siad ar an seit, bíonn obair an-dáiríre ar siúl acu - fiú más radharc an-ghreannmhar atá i gceist!

Tá cur síos ar an obair sin sa leabhar seo – agus go leor, leor eile nach é. Onóir ollmhór a bhí ann domsa leabhar a chur le chéile a bhí bunaithe ar sheó greannmhar Gaelach atá tar éis imeacht ó neart go neart. Tá súil agam go mbainfidh sibhse an oiread sásaimh as an leabhar seo agus a bhaineas-sa as a chur le chéile.

Slán,

Dara Jauch

# Clár

Mapa Leitir Láir

Leitir Thoir

Tigh Chlaudia

Tigh Samantha

Carraig
Rúnda Aifric

Salon Marie

Tigh Jimín

An Gort Ribeach

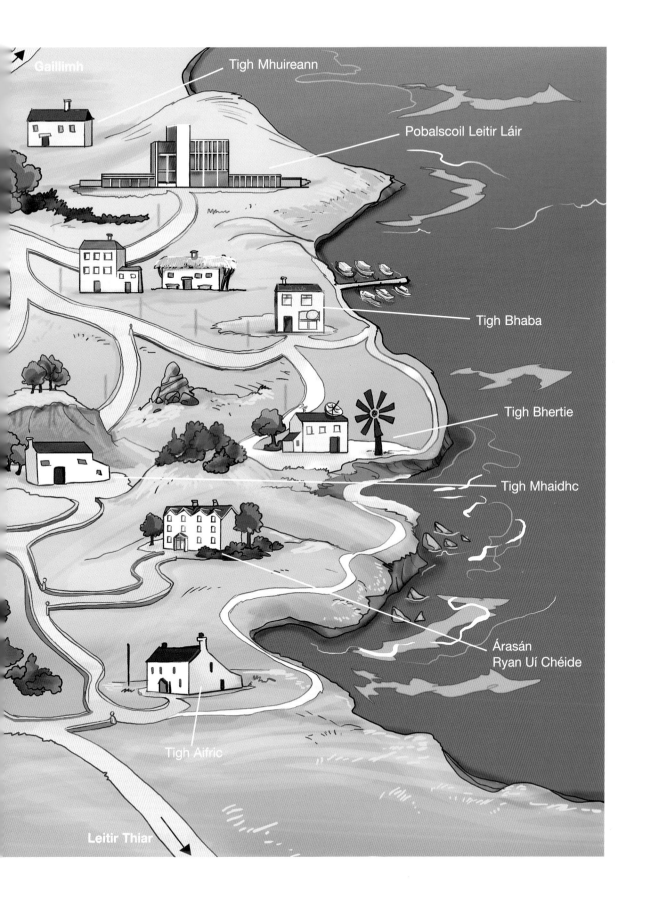

Gaillimh

Tigh Mhuireann

Pobalscoil Leitir Láir

Tigh Bhaba

Tigh Bhertie

Tigh Mhaidhc

Árasán
Ryan Uí Chéide

Tigh Aifric

Leitir Thiar

Hi leaids! Is mise fear an tí. Bím ag obair go crua gach lá mar chuntasóir. Ach taobh istigh den chulaith agus den charbhat, is rock star mé go smior. Bím ag cleachtadh ar an ngiotár beagnach gach lá. Is breá liom leadóg chomh maith- níor chaill mé Wimbledon ar an teilifís riamh!

Is mise Aifric de Spáinn. Tá mé i mo chónaí i Leitir Lár, i gConamara. I mBaile Átha Cliath a rugadh mé. Is í Sophie mo chara is fearr. Is breá liom mo chlann ach uaireanta cuireann siad as mo mheabhair mé.

Sonas oraibh! Is mise máthair Aifric. Is é mo jabsa ná aire a thabhairt don teaghlach álainn seo. Ach ní hé sin an t-aon rud a bhíonn ar siúl agam. Tá an-suim agam sa leigheas nádúrtha, sa ióga, sa rís donn, sna cúrsaí glasa

Hi gach éinne. Is mise Traolach agus ní fada go mbeidh mé i mo dhéagóir. Is breá liom an Eolaíocht agus Mata. Tá go leor cairde agam. Ní thuigim Aifric – cén fáth go dteastaíonn níos mó ná péire amháin bróg uaithi?

# A-Z d'Aifric

**A** Ainm an réalta – **Aifric** – céard eile a bheadh mar "A" againn?

**B** Is maith le hAifric cóisir a bheith aici da **breithlá**, mar tagann a cairde go léir le chéile chun oíche mhór a bheith acu.

**C** Tá **cairde** an-tábhachtach i saol Aifric. Deir sí "Caithfidh tú daoine a bheith agat lasmuigh den chlann ar féidir leat caint leo agus do chuid fadhbanna a roinnt leo".

**D** Caitheamh aimsire atá ag Aifric ná **dialann** físe a chruthú le Sophie. Is slí iontach é chun do chuid cuimhní a choinneáil beo agus am a chaitheamh le do chairde.

**E** Bíonn **éad** ar Chlaudia go minic. Cén fáth? Tá sí an-dathúil, tá a muintir an-saibhir, tá gach rud aici. Mar sin féin, bíonn faitíos uirthi go mbeidh níos mó airde ag daoine eile ar Aifric ná uirthi féin – agus níor mhaith léi go dtarlódh sé sin!

**F** Bíonn **fearg** mhór ar Aifric nuair a bhíonn Traolach á náiriú leis na rudaí aisteacha a bhíonn ar siúl aige.

**G** Bhíodh náire ar Aifric, nuair a bhí sí níos óige, faoina Daid agus a chuid ceoil. Tá Tom páirteach i **ngrúpa** rac agus bhídís ag cleachtadh nuair a thagadh cairde Aifric ar cuairt. Ach anois is cuma léi. Saghas…..

**H** Is breá le Maidhc **hip hop** agus rap – níor fhás sé amach as Eminem riamh!

**I** Is breá le Jimín 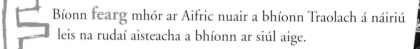 a imirt. Teastaíonn uaidh craobh na hÉireann a bhuachaint le foireann na Gaillimhe, lá éigin.

**J** Bíodh is nach dtugann sí fios riamh é, is peata mór é **Jimín** ag Iníon Uí Chlochartaigh.

**K** Is fear mór spórt uisce é Leo – is breá leis **Kayakáil**.

**L** Thóg sé tamall ar Aifric socrú síos i **Leitir Láir** mar ní raibh aithne aici ar dhuine ar bith ann.

16

**M** Is léir go bhfuil cairdeas idir Aifric agus **Maidhc**. Tá súil ag Maidhc ar Aifric – ach an maith le hAifric é siúd? Sin ceist….

**N** Níor theastaigh ó Aifric riamh **namhaid** a bheith aici ach ó tháinig sí go Leitir Láir, tá Claudia tar éis gach rud is féidir léi a dhéanamh chun saol Aifric a scrios. Déanann Aifric iarracht a bheith go deas le Claudia – ach níl sé éasca!

**O** Cheap Jimín go mba ............. í Aisling. Ach níorbh ea. Tá óinseacha eile i Leitir Lár – ach ní duine acu í Aisling!

**P** Is é **Pobalscoil** Leitir Láir ainm na scoile a bhfuil Aifric ag freastal uirthi. Is scoil dheas í ach ar nós gach scoil, tá cuid de na múinteoirí an-aisteach.

**R** Is breá leis an Máistir Ó Céide **rialacha**. Is breá le Maidhc agus Jimín rialacha chomh maith – is breá leo iad a bhriseadh!

**S** Tá an-suim ag Bertie sna **smugairlí** róin. Is saineolaí é ar na hainmhithe sleamhna sin agus tá a sheomra codlata clúdaithe le cairteanna agus ealaín dóibh.

**T** Is é ............. deartháir Aifric. Uaireanta ceapann Aifric gur rugadh é chun cur isteach uirthi.

**U** Bhí **uaigneas** ar Aifric nuair a tháinig sí go Leitir Láir i dtosach. Ach anois, bíonn uaigneas uirthi nuair a bhíonn sí imithe ón áit!

**V** Bíonn Iníon Uí Chlochartaigh ag múineadh faoin daonlathas – vótaí, toghcháin, polaiteoirí, an rialtas, zzzzzzz……….

**W** Lá breá éigín, ba bhreá leis an Máistir Ó Céide carr deas Volks **Wagen** a bheith aige.

**X** Is fearr le trí chat as gach ceithre cinn a bheith ag breathnú ar Aifric are an teilifís ná ar an gclár **X-Factor**.

**Y** Ar luamar gur maith le Leo a bheith ag ka Yakáil?

**Z** Uaireanta, b'fhearr leis an Máistir Ó Tuathail a bheith ag obair sa Zú ná i bPobalscoil Leitir Láir (tá a fhios againn nach bhfuil an cúpla ceann deiridh sin rómhaith – ach cé mhéad focal Gaeilge eile a bhfuil na litreacha W, X, Y agus Z le fáil iontu?)

# Seal leis na réaltaí – Clíona Ní Chiosáin, a dhéanann páirt Aifric

### Cén t-ainm iomlán atá ort?
Clíona Máire Eibhlín Ní Chiosáin

### An bhfuil aon difríocht idir tú féin agus do charactar?
Tá is dócha. Is dóigh liom nach bhfuil morán féinmhuiníne ag Aifric agus mar sin ligeann sí do dhaoine siúl uirthi. Chomh maith leis sin, bíonn Aifric beagáinín soineanta uaireanta.

### Céard é an rud is fearr leat faoi bheith ag obair ar Aifric?
Is breá liom a bheith le mo chairde agus taitníonn sé go mór liom a bheith ar an seit ag aisteoireacht agus ag caint leis an gcriú.

### Céard é an rud is measa?
An rud is measa ná go mbím tuirseach uaireanta ach bíonn caifé agam agus bím ceart arís!

### Céard a cheannaigh tú le do chéad seic ón seó?
Is dóigh liom gur ceapaire sicín a bhí ann !!

### An mbíonn tú neirbhíseach nuair a chloiseann tú AICSEAN?
Ní bhíonn ach is aisteach é go ligim meánfach gach uair a chloisim é!

### An bhfuil sé deacair na línte go léir a fhoghlaim?
Níl ar chor ar bith! Is fearr liom gan línte a fhoghlaim mar nach mbíonn siad chomh nádúrtha agus iad foghlamtha agam.

### An mbíonn náire ort nuair a bhíonn ort duine a phógadh don teilifís?
Ní bhíonn ar chor ar bith. Is cuid den phost é cosúil le gach rud eile.

### Céard a dhéanann tú ar do lá saor ón seó?
Ag deireadh na seachtaine téim ag siopadóireacht nó imím go dtí an trá leis na daoine a bhíonn ag fanacht sa lóistín céanna liom.

### Céard ba mhaith leat a dhéanamh sa saol seachas aisteoireacht?
Ba bhreá liom céim a bhaint amach sa mhúinteoireacht bhunscoile agus staidéar a dhéanamh ar Shocheolaíocht, Síceolaíocht Linbh nó ar chúrsaí caidrimh.

19

Cé mhéad eolais atá agatsa ar Aifric?

An bhfuil tú sách maith le triail a bhaint as ...

## Scrúdú Aifric – Ardleibhéal?

# Páipéar 1

Is fiú 20 marc gach ceist. Freagair iad. Ná bí ag féachaint amach an fhuinneog. Agus le linn an scrúdaithe, níl cead agat do shrón a phiocadh.

1. Cén sloinne atá ar Aifric?

2. Cén saghas ceoil a sheinneann athair Aifric?

3. Cad is ainm do dheartháir Aifric?

4. Cén scoil a mbíonn Aifric ag freastal uirthi?

5. Ainmnigh an Triúr Amigo.

6. Cén buachaill a raibh Aifric i ngrá leis sa chéad tsraith?

7. Cén t-ainmhí farraige a bhfuil Bertie an-tógtha leis?

8. Cén dán a rinne Aifric agus í ag iarraidh páirt a fháil sa dráma a bhí á stiúrú ag Jeaic, *Cuimhní Samhraidh*?

9. Cad is ainm don mhúinteoir a raibh an Máistir Ó Céide i ngrá léi sa chéad tsraith?

10. Cad is ainm do mháthair Sophie?

Freagraí ar leathanach 102 ➔

# CÉN SÓRT BUACHAILL TUSA?

Faigh amach anseo cén carachtar fireann in Aifric
is mó a bhfuil tú cosúil leis....

1. An maith leat spórt a imirt?
   a. Is maith, gach lá
   b. Ní imrím spórt riamh
   c. Uaireanta

2. An maith leat am a chaitheamh i d'aonar?
   a. Sea, is maith liom a bheith ag smaoineamh
   b. Uaireanta
   c. Bím le mo chairde i gcónaí

3. An bhfuil cailín agat?
   a. Duh! Bíonn cailín le mo thaobh i gcónaí.
   b. Ní raibh cailín agam riamh.
   c. Tá. Ach is maith liom an chraic leis na leads chomh maith.

4. Cén t-ábhar is fearr leat ar scoil?
   a. Corpoideachas
   b. Ceimic
   c. Eacnamaíocht Bhaile

5. Cén cineál ceoil is deise leat?
   a. Rac na seachtóidí
   b. Indie
   c. Rap

6. An fearr leat a bheith
   a. ag snámh
   b. ag léamh
   c. ag imirt peile

7. An bhfuil sé tábhachtach duit a bheith ag féachaint go maith i gcónaí?
   a. Cíorann an ghaoth mo chuid gruaige dom agus tugann an ghrian aire do mo chraiceann
   b. Bhuel, ní chuirim *moisturiser* orm féin ach is dócha go bhfuil sé cineál tábhachtach
   c. Tá rudaí eile i bhfad níos tábhachtaí sa saol ná é sin.

**A** **den chuid is mó – Leo**
Is breá leat an spórt agus tá sé tábhachtach duit. Ach caithfidh tú smaoineamh ar dhaoine eile chomh maith. Beidh níos mó measa ag daoine ort má dhéanann tú é sin.

**B** **den chuid is mó – Bertie**
Tá an scoil tábhachtach duit ach fós tá a fhios agat conas spraoi a bheith agat. Bíodh níos mó muiníne agat asat féin agus beidh tú in ann gach aidhm a bhaint amach.

**C** **den chuid is mó– Maidhc**
Is rógaire tú atá beagáinín leisciúil, b'fhéidir. Tá tú cineálta agus is cara maith thú. Bí cinnte nach mbíonn tú ró-lán suas díot féin uaireanta.

# Seal leis na réaltaí –
# Gráinne Bleasdale, a dhéanann páirt Sophie

**Cén t-ainm iomlán atá ort?**
Gráinne Bleasdale.

**An bhfuil aon difríocht idir tú féin agus do charactar?**
Tá agus níl...tá Sophie an-ghar dá máthair, agus réitímse go hiontach le mo mhamasa chomh maith. Is cara dílis í freisin, dhéanfadh sí aon rud d'Aifric, agus is dóigh go bhféadfainn an rud céanna a rá fúm fhéin (ach b'fhéidir gurbh fhearr dhuit an ceist a chuir ar mo chairde!)...is breá léi ceol agus is breá liomsa ceol, ach an t-aon difríocht eadrainn ná go bhfuil Sophie an-díograsach ar scoil, agus ní féidir liom an rud céanna a rá fúm fhéin áfach!!

**Céard é an rud is fearr leat faoi bheith ag obair ar Aifric?**
Smidiú agus gruaig déanta chuile lá beo, craic iontach ar an seit.....agus ní fhéadfainn dearmad a dhéanamh ar an airgead dár ndóigh...

**Céard é an rud is measa?**
Éirí go luath ar maidin, 6.30 nó 7.00, chun an smidiú agus an ghruaig a fháil déanta....

**Céard a cheannaigh tú le do chéad seic ón seó?**
Slám éadaigh!

**An mbíonn tú neirbhíseach nuair a chloiseann tú AICSEAN?**
An chéad lá bhí mé beagáinín neirbhíseach, ach anois tá mé sách cleachtach air.

**An bhfuil sé deacair na línte go léir a fhoghlaim?**
Níl sé ró-dheacair, ní dhéantar ach cúpla radharc sa ló, mar sin ní bhíonn mórán le foghlaim. Go hiondúil breathnaíonn mé orthu an oíche roimhe.

**An mbíonn náire ort nuair a bhíonn ort duine a phógadh don teilifís?**
Bíonn!! Tuige nach mbeadh! Go háirithe nuair atá a fhios agam go mbeidh mo chairde agus mo thuismitheoirí ag breathnú air, gan trácht air mo Mhamó agus mo Dhaideó!

**Céard a dhéanann tú ar do lá saor ón seó?**
Codladh!! É sin nó siopadóireacht leis an airgead a shaothraigh mé...is cineál 'shopaholic' mé....

**Céard ba mhaith leat a dhéanamh sa saol seachas aisteoireacht?**
Tá spéis agam ceol a dhéanamh sa gcoláiste, ba bhreá liom bliain a thógáil freisin chun taisteal.

# Dialann Mhaidhc

Dé hAoine an 13ú

A dhialann,

Caithfidh mé an Leo seo a stopadh. Ón gcéad lá ar tháinig sé chuig an scoil, tá gach rud tar éis athrú. Tá sé ag goid ár gcuid cailíní orainn É féin agus a chuid gruaige agus a chlár surfála. Ach céard a dhéanfaidh mé?

Dé Domhnaigh an 15ú

A dhialann,

Táim tar éis a bheith ag coinneáil súil ar theach Leo. Thíos staighre atá a sheomra leapa agus tá seomra folctha en suite aige – an bacach! Bíonn an fhuinneog ar oscailt uaireanta. Chuaigh mé ann tráthnóna agus d'éirigh liom a bhuidéal seampú a tharraingt amach an fhuinneog. Chuir mé dath corcra sa seampú. Fan go bhfeicfimid amárach é agus gruaig chorcra air!

Dé Luain 16ú

Ní raibh Leo ar scoil inniu! Hah! D'éirigh le mo phlean! Beidh sé ar scoil amárach agus cloigeann corcra air – nó cloigeann maol b'fhéidir! Níos fearr fós!

Dé Máirt 17ú

Ag siúl isteach chuig an seomra ranga – bhí na cailíní ag breathnú orm (ach ní mar sin). Bhí siad ag gáire. "Tá do chuid gruaige go hálainn!" a bhéic siad Rith mé chuig an leithreas. Bhreathnaigh mé sa scáthán – bhí dath corcra ar mo chuid gruaige. Chas mé timpeall. Bhí Leo ann – le grianghraf díomsa ag cur datha ina bhuidéal seampú.....

# Aimsigh na difríochtaí

Tá 6 cinn de dhifríochtaí idir an dá phictiúr seo. Cé mhéad acu atá tú in ann a thabhairt faoi deara?

Freagraí ar leathanach 103

# Bertie agus a chailín!

Na laethanta seo tá sé an-deacair teacht ar an gcailín ceart. Go háirithe i Leitir Láir. Ach tá cailín speisialta agamsa anois, agus is í an cailín is deise ar an domhan iomlán í! Cén rún atá agam? Bhuel ní raibh mé in ann an cailín a bhí uaim a fháil ar scoil, nó in áit ar bith eile thart anseo – so – chruthaigh mé cailín. Róbó atá inti!

Lámh eile – raicéad leadóige

Lámh speisialta do na cluichí leictreonacha

Bolg – teilifís – 650 cainéal, ríomhaire leathanbhanda, Rogha scannán

Lámha breise – le glanadh suas, obair bhaile a dhéanamh, páistí óga a choinneáil ciúin

Rogha cloigne – Aisling, Bróna, Aifric

31

# Seal leis na réaltaí –
# Kevin O'Dwyer – Traolach

### Cén t-ainm iomlán atá ort?
Kevin Peter O' Dwyer

### An bhfuil aon difríocht idir tú féin agus do charactar?
An t-aon difríocht idir mé féin agus Traolach ná an tslí a ghléasann muid. Agus ní dóigh liom go bhfuil mé chomh cliste leis agus ní *hippy* mé.

### Céard é an rud is fearr leat faoi bheith ag obair ar Aifric?
An t-atmasféar ar an seit. Agus nuair a bhíonn sé ar fad thart, is breá liom a bheith ag féachaint ar na cláracha go léir ag an deireadh.

### Céard é an rud is measa?
A bheith éirí go luath ar maidin.

### Céard a cheannaigh tú le do chéad tseic ón seó?
PSP

### An mbíonn tú neirbhíseach nuair a chloiseann tú AICSEAN?
Bhí ag an tús ach níl anois.

### An bhfuil sé deacair na línte go léir a fhoghlaim?
Níl - an rud a dhéanaim ná mo línte a léamh cúpla uair ag féachaint orthu agus ansin iad a rá gan féachaint orthu. Oibríonn sé sin de ghnáth.

### An mbíonn náire ort nuair a bhíonn ort duine a phógadh ar an teilifís?
Níor tharla sé dom go fóill.

### Céard a dhéanann tú ar do lá saor ón seó?
Téim amach le mo chairde.

### Céard ba mhaith leat a dhéanamh sa saol seachas aisteoireacht?
Ba mhaith liom a bheith i mo Gharda nó i mo chócaire.

# Aimsigh na difríochtaí

Seo ceann níos deacra! Tá 6 cinn de dhifríochtaí arís ann. Cé mhéad acu a fheiceann tú?

Freagraí ar leathanach 103

34

*Déan damhsa agus bí*
*chomh maith le 'cheerleaders'*

## Leitir Láir!

Leitir, Leitir Leitir Lár
Fág an bealach, is muide is fearr
Bíonn an bua againn chuile lá
Leitir, Leitir Leitir, Leitir Lár.

# CÉN SÓRT CAILÍN TUSA?

Cén carachtar in Aifric is mó a bhfuil tú cosúil léi?
Freagair na ceisteanna seo go bhfeicfidh tú.....

1. An maith leat spórt a imirt?
   a. Is maith, gach lá
   b. Ní imrím spórt riamh
   c. Uaireanta

2. Dá mbeadh an teach trí thine céard a thabharfá leat amach as?
   a. Grianghrafanna
   b. Mo dhialann
   c. Smidiú

3. Cén dath is fearr leat?
   a. Gorm
   b. Buí
   c. Bándearg

4. An mbíonn tú buartha riamh faoin tuairim a bheidh ag daoine fút?
   a. Is cuma liomsa cad a cheapann daoine, chomh fada is go mbím féin, mo chlann agus mo chairde sásta.
   b. Uaireanta ní theastaíonn uaim a bheith ró-dhifriúil ó dhaoine eile
   c. An bhfuil tú ag magadh? Níl aon rud le bheith buartha faoi i mo shaolsa.

5. Insíonn do chara rún duit, cad a dhéanann tú?
   a. Coinnigh chugat féin é.
   b. Déan iarracht gan é a rá le héinne (go dtí go dtagann sé amach trí thimpiste ós comhair roinnt daoine ag am lóin).
   c. Seol téacs chuig gach duine chun an scéal iontach a scaipeadh.

36

6. Tá do chara i ngrá le buachaill nua sa scoil atá an-dathúil. Insíonn sí duit go bhfuil grá aici dó. Céard a dhéanann tú?
   a. Cabhraigh léi éadaí nua a phiocadh amach agus féachaint go hiontach agus cabhrú léi an mhuinín a fháil chun caint leis
   b. Abair leis an mbuachaill go bhfuil do chara i ngrá leis agus socraigh oíche amach dóibh.
   c. Abair léi go gceapann tú go bhfuil cailín aige. Agus nach bhfuil sé dathúil. Agus go bhfuil boladh uaidh. Ansin…..

7. Teastaíonn ó chailín i do rang d'obair bhaile a chóipeáil mar is fuath léi Mata.
   Céard a dhéanann tú?
   a. Abair léi a rá leis an múinteoir nach dtuigeann sí an Mhata
   b. Lig di é a chóipeáil aon uair amháin ach abair léi nach gceapann tú gurb é an plean is fearr é.
   c. Abair léi é a chóipeáil is a thabhairt duitse le cóipeáil ina diaidh

8. An maith leat am a chaitheamh i d'aonar?
   a. Nuair a bhím faoi strus is maith liom é
   b. Uaireanta ach is fearr liom a bheith le mo chairde
   c. Nuair a bhíonn tú i d'aonar ciallaíonn sé nach bhfuil éinne ag féachaint ort

**A** den chuid is mó – Sophie
Is cara iontach tú a bhíonn i gcónaí ann chun comhairle a thabhairt. Ach ná déan dearmad aire a thabhairt duit féin, chomh maith le gach éinne eile!

**B** den chuid is mó – Aifric
Is duine an-chineálta thú agus is cara maith thú. Uaireanta bíonn fadhb agat nuair nach bhfaigheann tú do shlí féin agus is féidir leat daoine a ghortú chun do shlí féin a bheith agat. Níl na cnoic i bhfad uainn chomh glas sin, bí sásta leis na rudaí atá agat.

**C** den chuid is mó– Claudia
Is léir gur duine tú a fhaigheann do shlí féin an chuid is mó den am. Is maith an rud é gur féidir leat bheith cumhachtach ach uaireanta caithfidh tú seasamh siar agus seans a thabhairt do dhaoine eile. Smaoinigh ar riachtanaisí daoine eile ó am go ham agus beidh tú níos sona ionat féin.

# Seal leis na réaltaí – Josef Hrehorow – Maidhc

**Cén t-ainm iomlán atá ort?**
Josef Zygmunt Hrehorow

**An bhfuil aon difríocht idir tú féin agus do charactar?**
Tá mé níos aibí.

**Céard é an rud is fearr leat faoi bheith ag obair ar Aifric?**
Airgead: faigheann tú íoctha as piosa craic a bheith agat.

**Céard é an rud is measa?**
Nil mórán saoirse againn sa samhradh mar go mbímid an-ghnóthach ag taifeadadh. Uaireanta bionn brú i gceist. Ní maith an rud é an brú. Is fuath liom a bheith faoi bhrú!

**Céard a cheannaigh tú le do chéad tseic ón seó?**
Cheannaigh me ticéad go dti an Astráil i gcomhair na Nollag. Chaith mé an chuid eile ar thruflais agus by dad tá aiféala orm anois nach bhfuil aon chuid sábháilte agam.

**Neirbhíseach ag *Aicsean*?**
Ní bhíonn ach i gcás gur seat atá ann a bheadh an-deacair a dhéanamh arís – duine a chaitheamh san fharraige mar shampla!

**An mbionn náire ort nuair a bhíonn ort duine a phógadh don teilifís?**
Ni bhíonn – ach beidh nuair a feicfidh daoine eile ar an teilifis é.

**Céard a dhéanann tú ar do lá saor ón seó?**
Téim chuig an trá, téim a chodladh, nó téim isteach sa bhaile mór le mo chairde nach n-oibríonn ar an seó.

**Céard ba mhaith leat a dhéanamh sa saol seachas aisteoireacht?**
Ba mhaith liom oibriú taobh thiar den cheamara amach anseo. Tá suim agam san obair sin.

# Uimhreacha Rúnda an Ghrá!

Seo bealach le fáil amach cén saghas duine a bhfuil tú i ngrá leis nó léi. Seanchóras uimhreacha atá ann a aistríonn ainm go huimhir. Is iontach an bealach é le fáil amach faoi phearsantacht an duine a bhfuil tú tógtha leis nó léi.

Tá uimhir ag gach litir san aibítir ó 1 go dtí a 9. Úsáid an chairt seo thíos chun fáil amach cén saghas pearsantachta atá ag do ghrá geal!

## SEO MAR A DHÉANTAR É:

Ar dtús, scríobh síos ainm an duine a bhfuil tú i ngrá leis nó léi, mar shampla Maidhc. Ansin faigh an uimhir a bhaineann le gach uimhir ón gcairt thíos (Maidhc: M=4, A=1, I=9, D=4, H=8, C=3). Anois suimigh le chéile na huimhreacha (4+1+9+4+8+3=29). Más uimhir dhúbalta atá ann, (29 sa chás seo) suimigh an dá dhigit ar a chéile (2 + 9 = 11, ansin 1 + 1 = 2) go dtí go mbíonn tú fágtha le huimhir shingil amháin. Ansin, féach thíos agus gheobhaidh tú amach cén saghas pearsantachta atá ag an mbuachaill nó cailín speisialta sin i do shaol. (Pearsantacht cineál a 2 atá ag Maidhc).

| 1 | 2 | 3 | 4 | 5 | 6 | 7 | 8 | 9 |
|---|---|---|---|---|---|---|---|---|
| A | B | C | D | E | F | G | H | I |
| J | K | L | M | N | O | P | Q | R |
| S | T | U | V | W | X | Y | Z | |

## CAD A CHIALLAÍONN AN UIMHIR….

**1.** Is duine é/í le tuairimí láidre- faoi GACH rud!! Is duine greannmhar é/í atá in ann spraoi a bheith aige/aici leat i gcónaí. Ach uaireanta bíonn sé/sí crosta nuair nach bhfaigheann siad a slí féin. Seachain nach ligeann tú dó/di a bheith i gceannas ar gach rud an t-am ar fad.

**2.** Is duine an-speisialta uimhir a dó. Cuireann an duine seo i gcónaí ag gáire tú agus insíonn sé/sí an fhírinne i gcónaí. Is féidir leis/léi éisteacht chomh maith – rud an-tábhachtach in aon chaidreamh. Ní maith leis an duine seo a bheith ag troid – mar sin déan cinnte nach bhfuil an duine seo ag coimeád rudaí uait ar son na síochána.

**3.** Is duine cliste é/í. Tá a fhios acu conas buachaill/cailín a mhealladh, mar sin bí cúramach nach bhfuil sé/sí ag insint bréaga chun dul i bhfeidhm ort. Éiríonn an buachaill/cailín seo tuirseach de dhaoine éasca go leor – caithfidh tú a bheith ag faire amach dó sin chomh maith!

40

**4.** Ceapann a lán daoine go bhfuil an buachaill/cailín seo leadránach ach is cóir seans a thabhairt dó/di. Is duine macánta, dílis é/í. Dá réir sin, ní bhíonn sé/sí ag éirí tuirsiúil duit go tapa.

**5.** Oibríonn an duine seo go dian ar scoil agus sa saol pearsanta. Beidh tú tógtha leis an gcomhrá cliste a bheidh agaibh. Is feidir leis/léi a bheith leithleasach agus santach uaireanta, mar sin beidh ort am a thabhairt dó/di foghlaim conas a oibríonn caidreamh ceart.

**6.** Déanann an buachaill/cailín seo iarracht i gcónaí gach éinne a choimeád sásta. An drochrud faoi sin ná go mb'fhéidir nach mbeidh tusa mar uimhir a haon (ná uimhir a dó ná a trí fiú!) i gcónaí agus beidh ort an t-am leis/léi a roinnt le daoine eile.

**7.** Is duine aonarach uimhir a seacht. Bíonn an duine seo ag smaoineamh faoin saol go minic agus ciallaíonn sé seo go bhfuil sé/sí ciallmhar agus tuisceanach. Rud maith é sin ach ná déan dearmad go mbeidh siad ag iarraidh a bheith leo féin uaireanta. .

**8.** Is duine grámhar é/í seo. Beidh an duine seo an-rómansúil ach dá bhrí sin beidh éad air/uirthi má thugann tú aird ar aon duine eile. Beidh ort a bheith fíreannach leis/léi i gcónaí nó beidh sé/sí amhrasach fút. Bíonn mothúcháin láidre ag an duine seo agus uaireanta déanfaidh sé/sí dearmad ort toisc na mothúcháin éagsúla sin.

**9.** Is duine paiseanta é/í seo agus bíonn siad i gcónaí ag brionglóideach faoin saol. Leanann sé/sí a c(h)roí agus ní a (h)intinn. Mar sin caithfidh tú a bheith cúramach nach mbíonn brón ort nuair a deireann nó nuair a dhéanann sé/sí rud éigin neamhghnách.

Ach an oibríonn an córas seo? – Seo mar a bhí aige le carachtair Aifric:

**Aifric**      1+ 9+6+9+9+3=37, 3+7=10, 1+0= **1**

**Traolach**      2+9+1+6+3+1+3+8=33, 3+3= **6**

**Sophie**      1+6+7+8+9+5= 36, 3+6= **9**

**Leo**      3+5+6=14, 1+4= **5**

**Bláth**      2+3+1+2+8=16, 1+6= **7**

**Jimín**      1+9+4+9+5=28, 2+8=10, 1+0= **1**

**Claudia**      3+3+1+3+4+9+1=24, 2+4= **6**

**Bertie**      2+5+9+2+9+5=32, 3+2= **5**

# Seal leis na réaltaí – Christy Leech a dhéanann páirt Leo

**Cén t-ainm iomlán atá ort?**
Christy Leech

**An bhfuil aon difríocht idir tú féin agus do charactar?**
Bhuel nílim in ann surfáil agus níl mé go maith ag an iománaíocht. Bímse ag casadh ceoil agus ag imirt peile ach ní bhíonn Leo.

**Céard é an rud is fearr leat faoi bheith ag obair ar Aifric?**
An chraic ar fad a bhíonn agam leis na haisteoirí eile. Is breá liom a bheith ag obair i gConamara.

**Céard é an rud is measa?**
Scaití bíonn orainn an radharc céanna a dhéanamh arís is arís eile agus nuair nach mbíonn línte le rá agat ann bíonn sé an-leadránach.

**Céard a cheannaigh tú le do chéad seic ón seó?**
Cheannaigh mé giotár nua.

**An mbíonn tú neirbhíseach nuair a chloiseann tú AICSEAN?**
Bhí mé nuair a thosaigh mé i dtosach. Ach d'imigh sé sin sar i bhfad. Is rud maith é, scaití, a bheith cineáilín neirbhíseach mar gheall go gcuidíonn sé leat fuinneamh a bheith agat agus tú ar seit.

**An bhfuil sé deacair na línte go léir a fhoghlaim?**
Déanann muid cúpla 'cleachtadh ceamara' roimh an taifeadadh, só tugann sé sin seans dúinn ár gcuid línte a fhoghlaim i gceart agus iad a chleachtadh.

**An mbíonn náire ort nuair a bhíonn ort duine a phógadh don teilifís?**
Ní bhíonn.

**Céard a dhéanann tú ar do lá saor ón seó?**
Casaim an giotár, téim ag siúl agus ag snámh.

**Céard ba mhaith leat a dhéanamh sa saol seachas aisteoireacht?**
Ba bhreá liom a bheith i mo cheoltóir. Tá mé ag traenáil le bheith i mo mhúinteoir bunscoile faoi láthair. Ba mhaith liom a bheith i mo mhúinteoir chomh maith.

Bhuel? An bhfuil gach clár feicthe agat?
An bhfuil tú tar éis teachtaireacht ghrámhar a
fhágáil ar **www.aifric.tv**? Má tá, seans go bhfuil
tú réidh le haghaidh...

## Scrúdú Aifric →

# Páipéar 2

## Ardleibhéal Níos Airde Fós
### Is fiú 20 marc gach ceist
### (ach ní fiú tada freagra mícheart)

1. Cén club scoile a raibh Aifric agus Leo páirteach ann?

2. Sa dráma a chum Aifric "Cá bhfuil mo Romeo" cén cailín a sciob a prionsa ar Aifric?

3. Cén leasainm a bhí ag Sophie ar Dhaithí, an buachaill a raibh sí ag dul amach leis – Daithí —————— ?

4. Sa chéad chlár riamh d'Aifric, cén dath éadaí a bhí ar na cailíní ar fad nuair a tháinig siad chuig teach Aifric le fanacht don oíche?

5. Cén t-amhrán a chan Aifric le banna ceoil a Daid ag deireadh an scéil faoin gcomórtas buscála?

6. Cén tír arbh as don chailín a bhí chun a post a chailleadh sa mhonarcha éisc sa scéal "Taithí Oibre"?

7. Cé a bhí croíbhriste nuair a chonaic sí Aifric agus Leo ag pógadh sa scéal "Gafa le Mata?"

8. Cé a cuireadh chuig an ospidéal in otharcharr tar éis dó dul isteach sa chlub dornálaíochta den chéad uair?

9. Cén dath a bhí ar an mbratach speisialta a bhí le buachaint don trá is glaine sa scéal "Mama Mia?"

10. Cén aois a bhí ag Claudia nuair a bhí an chóisir mhór mhillteach aici dá breithlá?

**Freagraí ar leathanach 102** ➜

# Maidhc sa Chistin

Fáilte chuig mo chuid leathanaigh faoin gcócaireacht agus faoin gcaoi leis an an gcailín is dathúla a mhealladh le bia blasta. Anseo beidh mé ag tabhairt dhá oideas daoibh go léir chun croí do chailín a bhuachaint. So – an chéad rud ar dtús ná an bia. Roghnaigh mé Cilí Con Carne. Taispeánann an béile seo go bhfuil fhios agat faoi bhia ó thíortha eile agus tá sé seo an-tarraingteach ar fad ar fad!

## Is iad seo na rudaí atá uait:

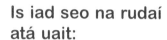

300 ml de stoc mairteola

Ola chócaireachta

350 gram de mhairteoil mhionaithe

Oinniún

Sp bhoird de phúdar cilí

2 spúnóg bhoird purée trataí

Peirsil mhionghearrtha

Canna 400g de phónairí duánacha

240g rís

1. Sula dtosaíonn an chócaireacht, bí cinnte an ceol a chasadh suas ard. Ciallaíonn ceol atmasféar agus ciallaíonn atmasféar oíche mhaith le do chailín.

2. Cuir beagán ola ar an bhfriochtán, ansin cuir isteach an fheoil agus an t-oinniún, gearrtha go mion. Frioch go réidh go dtí go mbeidh dath donn ar an bhfeoil.

3. Cuir isteach an púdar cilí agus an stoc. (SEACHAIN – ná cuir an iomarca cilí isteach mar déanfaidh sé seo praiseach den oíche, agus níl sé sin ag teastáil. Dáta te atá ag teastáil, ach ní de bharr an iomarca cilí)

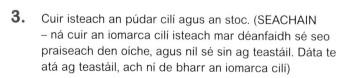

4. Tabhair an meascán chuig pointe beirithe, clúdaigh agus fiuch ar theas íseal ar feadh 12-15 nóiméad.

12-15 mm

48

5. Measc isteach na pónairí duánacha agus an purée trátaí agus bain suanbhruith eile as ar feadh 2 nóiméad.

6. Measc isteach an pheirsil mhionghearrtha. Cuir ar leataobh an cilí con carne a fhad is atá an rís á bheiriú agat. Is féidir é a chur ag beiriú ón tús ach uaireanta bíonn sé deacair do shúil a choinneáil ar dhá phota ag an am céanna.

7. Dáil amach le rís é agus – bellissimo!!

## Anois an deoch…

Seo deoch atá ar nós milseoige agus deoch úr in aon ghloine amháin. An *piece de resistance* anocht… Súdheoch Sú Talún

## Is iad na rudaí atá uait:

| 1 banana aibí | 250g de shútha talún reoite | 140ml de shú oráiste úr | 6 spúnóg iógairt |

1. Bain an craiceann den bhanana agus gearr ina phíosaí beaga é.

2. Cuir isteach sa lachtaitheoir é agus isteach leis na comhábhair eile.

3. Lig dó ar feadh nóiméid nó dhó agus ansin doirt amach i ngloine é

4. Maisigh an ghloine le sú talún agus scáth báistí.

Is breá le cailíní rudaí den chineál sin agus taispeánann sé gur chuir tú iarracht mhór isteach sa bhéile. Sin an rud le cailíní – faigheann tú níos mó pointí don iarracht a chuireann tú isteach i rud ná an rud é féin.

### Cúpla focal comhairle

1. Las coinnle timpeall na háite ach bí cinnte iad a mhúchadh nuair a bheidh an dinnéar thart – mar a dúirt mé faoin cili – bí te, ach ná bí róthe.

2. Má bhíonn tú ag déanamh béile le feoil, déan cinnte go n-itheann do chailín ainmhithe marbha.

3. Bí cinnte nach bhfuil ailléirge aici d'aon saghas bia, ní bheadh sé sin go maith ach oiread!

4. Roghnaigh an ceol ceart – agus ní shin Slipknot.

# Focalchuardach

Baineann na focail ar fad thíos le saol Aifric – an féidir leat iad a aimsiú?

```
F  Ó  N  Í  C  H  A  Ó  Ú  M
L  E  I  T  I  R  L  Á  I  R
D  S  Ó  C  S  N  T  É  D  A
P  A  R  Á  O  N  I  B  I  C
Ú  M  Í  A  P  A  Í  L  M  R
Í  A  A  D  H  E  B  Á  S  É
J  N  L  L  I  R  E  T  Ó  S
I  T  G  E  E  I  R  H  A  G
M  H  U  M  O  U  T  A  B  T
Í  A  M  I  B  M  I  L  A  R
N  Ó  S  N  Í  D  E  Á  H  A
M  S  É  Í  U  L  N  M  B  O
C  B  M  A  I  D  H  C  H  L
Í  N  L  Í  L  G  A  Ú  G  A
E  C  D  Á  A  I  F  R  I  C
D  T  R  É  T  O  M  Á  T  H
I  T  J  H  E  T  O  Ú  L  Á
É  G  C  Í  S  Á  N  É  M  É
C  F  Ú  M  A  R  I  E  M  L
Ó  J  A  N  I  S  Ú  B  C  E
```

| | | | |
|---|---|---|---|
| Aifric | Ó Céide | Róin | Janis |
| Sophie | Tom | Giotár | Muireann |
| Claudia | Samantha | Jimín | Rac |
| Maidhc | Trá | Smidiú | Bláth |
| Tigh Bhaba | Leitir Láir | Traolach | Imelda |
| Bertie | Smuglaí | Leo | Marie |

# Nóiméad le Máirín Ní Ghaora – Muireann

Ainm iomlán: *Máirín Catherine Ní Ghaora*

Dáta breithe: *13.12.88*

Réalta: *An Saighdeoir*

**NA RUDAÍ IS FEARR LEAT:**

Bia: *Sceallóga*

Cineál Ceoil: *Pop agus Country*

Dath: *Glas agus dubh*

Am den bhliain: *An Nollaig*

Póg nó barróg: *Póg gan dabht ar bith!*

Fionn nó donn: *Donn*

Bándearg nó dubh: *Dubh*

Bróga – ard nó íseal: *Cineál ard gan a bheith ina stilletos uilig*

Cathair nó tuath: *B'fearr liom a bheith faoin tuath, cinnte dearfa!*

Milis nó searbh: *Searbh*

Teilifís nó leabhar: *Teilifís, ach dá mbeadh mo rogha agam, b'fearr liom irisleabhar ná an teilifís.*

# Cén Sórt Cara Tusa?

Freagair na ceisteanna seo le do chara is fearr. Is scrúdú é seo chun fáil amach cé chomh cairdiúil is atá sibh lena chéile. Freagair na ceisteanna chomh fírinneach agus is féidir libh gan iad a thaispeáint dá chéile. Nuair a bhíonn na freagraí tugtha, ceartaigh ceisteanna a chéile. Ansin léigh an chomhairle a théann le do scór. Go n-éirí libh!!

1. Ainm iomlán do chara:

2. Dáta breithe do chara:

   Na rudaí is fearr le do chara is fearr…

3. Scannán?

4. Banna ceoil?

5. Bia?

6. Dath?

7. Aisteoir?

8. Ábhar scoile?

9. Céard a cheannódh do chara leis an €5 deireannach atá acu?
   a. Iris/Leabhar
   b. Seacláid
   c. Singil ceoil nua

10. Sa scannán de shaol do chara cé a dhéanfadh a p(h)áirt?
    a. Sláine Hutchinson (Claudia)
    b. Gráinne Bleasdale (Sophie)
    c. Clíona Ní Chiosáin (Aifric)
       nó – i gcás buachaillí
    a. Stephen Darcy (An Mástir Ó Céide)
    b. Eoghan Ó Dubhghaill (Bertie)
    c. Josef Hrehorow (Maidhc)

## Má fuair tú 3 nó níos lú i gceart:

Is cosúil nach bhfuil sibh chomh mór le chéile is a cheap sibh. Caithfidh sibh éisteacht lena chéile níos mó agus b'fhéidir níos mó ama a chaitheamh le chéile chun cairdeas níos fearr a bheith agaibh.

## Idir 3 agus 8 i gceart:

Is cairde maithe sibh a réitíonn go hiontach.
An fhadhb atá agaibh ná gur daoine neamhspleácha sibh a dteastaíonn uaibh rudaí difriúla a dhéanamh. Is maith an rud é sin ach caithfear an t-am a roinnt níos fearr idir na rudaí a theastaíonn ón mbeirt agaibh a dhéanamh.

## 8-11 i gceart:

Is cairde iontacha sibhse! Insíonn sibh gach rud dá chéile agus tá cumarsáid an-mhaith sa chairdeas. Ní bhíonn sibh ag troid mórán riamh, agus má bhíonn, éiríonn libh an argóint a shocrú trí bheith ag caint faoi – sin rud iontach.

# Nóiméad le Céitilís Ní Bheaglaíoch – Samantha

Ainm iomlán: *Céitilís Ní Bheaglaoích*

Dáta breithe: *29ú Meitheamh 1988*

Réalta: *an Portán*

## NA RUDAÍ IS FEARR LEAT:

Bia: *Pasta*

Cineál Ceoil: *Aon sórt*

Dath: *Corcra*

Am den bhliain: *Samhradh*

Póg nó barróg: *Barróg*

Fionn nó donn: *Fionn*

Bándearg nó dubh: *Bándearg*

Bróga – ard nó íseal: *Ard*

Cathair nó tuath: *Tuath*

Milis nó searbh: *Searbh*

Teilifís nó leabhar: *Teilifís*

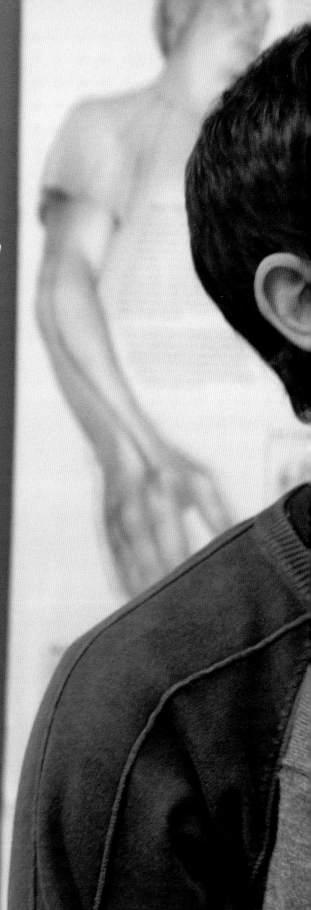

Is breá le Maidhc an rap agus is fuath leis an Máistir Ó Céide. Seo an rap a chum sé nuair a bhí sé féin, Bertie agus Jimín ag cur isteach ar pháirt sa dráma scoile *"Cuimhní Samhraidh"*

## Rap Mhaidhc – Ó Céide

Tagann sé ar scoil ina sheanghluaisteán
Cé a thug dó an jab an chéad lá?
Is maith leis Mata
Tá a ghruaig sleamhain
Is é an múinteoir is measa ar domhan
Ó Céide, Ó Céide, Ó Céide......

# Seal leis na réaltaí – Mary-Louise Mc Carthy a dhéanann páirt Bláth

**Cén t-ainm iomlán atá ort?**
Mary-Louise Mc Carthy is ainm dom, ach tugann mo chairde Mary-Lou orm.

**An bhfuil aon difríocht idir tú féin agus do charactar?**
Measaim go bhfuil mo charachtar níos soineanta ná mé féin maidir le cúrsaí grá.
(Dá mbeadh buachaill agam a chaith liomsa mar a chaith Leo le Bláth, déarfainn nach gcuirfinn suas leis rófhada!)

**Céard é an rud is fearr leat faoi bheith ag obair ar Aifric?**
An rud is fearr liom ná an taithi atá á fháil agam. Ni raibh ach taithi amharclainne agam sular thosaigh mé ag obair ar Aifric. Tá sé an-suimiúil a bheith ag foghlaim faoi na difríochtaí atá ann idir aisteoireacht teilifíse agus aisteoireacht amharclainne.

**Céard é an rud is measa?**
Nuair a bhíonn orm éirí ag a sé a chlog ar maidin chun a bheith ullamh don lá.

**Céard a cheannaigh tú le do chéad seic ón seó?**
Bhuel measaim an chéad rud a cheannigh me ná mo lón don bhus abhaile go Corcaigh ó *takeaway* darbh ainm La Salsa sa Ghallimh- déanann said an *quesadilla* is deise ar domhan!

**An bhfuil sé deacair na línte go léir a fhoghlaim?**
Bíonn a dhóthain ama agam chun na línte a fhoghlaim de ghnáth. Uaireanta, athraíonn na línte le linn dúinn a bheith ag taifeadadh agus bíonn orm línte nua a fhoghlaim ar an bpointe. Ceapaim mar sin go bhfuil sé níos fearr dearcadh solúbtha a bheith agam maidir leis na línte agus a bheith réidh agus oscailte i gcomhar aon athrú, in ionad a bheith ag brath ar na línte, focal ar fhocal.

**An mbíonn náire ort nuair a bhíonn ort duine a phógadh ar an teilifís?**
Ní bhíonn náire orm mar is aisteoireacht atá i gceist, ach is scéal iomlán difriúil é nuair a bhíonn orm féachaint ar an gclár le mo bhuachaill nó le mo mhuintir!

**Céard ba mhaith leat a dhéanamh sa saol seachas aisteoireacht?**
Bhuel, ar dtús ba mhaith liom mo chéim i gColáiste na hOllscoile Chorcaí ar staidéir Dramaíochta Amharclainne agus Béarla a bhaint amach. Chomh maith leis sin, tá suim agam i gcúrsaí eile san amharclann – soilse agus cultacha, mar shampla. Freisin, ba bhreá liom dul ag taisteal timpeall Mheiriceá Theas. (Tá an-suim agam sa chultúr agus san ealaín atá ann)

# An bealach is fearr le cur isteach ar mhúinteoir – le Jimín Ó Gríofa – Saineolaí idirnáisiúnta

Tá sé sách dona go mbíonn ort tú féin a tharraingt amach as an leaba gach lá le dul ar scoil, ach nuair a bhíonn ort suí síos ag éisteacht le múinteoirí leadránacha chomh maith – bhuel, níl sé ceart ná cóir, an bhfuil?

Sin é an fáth go bhfuil cúpla plean cumtha agam leis an lá scoile a dhéanamh níos suimiúla do gach duine – fiú na múinteoirí. Mar dá mbeadh gach rang sásta suí síos ag éisteacht leo, bheadh lá an-leadránach ag na múinteoirí bochta chomh maith, nach mbeadh?

An rud is fearr faoi na modhanna atá agamsa ná go mbíonn comhoibriú ag teastáil idir na scoláirí chun an plean a chur i gcrích i gceart. Cothaíonn sé seo spiorad maith sa rang, agus féinmheas chomh maith, nuair a éiríonn leat an múinteoir a chrá.

⊚ Eagraigh an rang le bheith ag cliceáil a gcuid peann gan stad. Is féidir rithimí deasa a dhéanamh leis na pinn. (Ach ná déan é sin sa rang ceoil – b'fhéidir go dtaitneodh na rithimí leis an múinteoir)

⊚ Duine ar dhuine, cuireadh gach duine sa rang ceist an bhfuil cead acu dul go dtí an leithreas.

⊚ Lig sraoth bréagach gach nóiméad nó leath-nóiméad. Is féidir é seo a dhéanamh ina bheirteanna nó ina ghrúpaí níos mó. Bíonn cleachtadh ag teastáil chun na sraothanna a dhéanamh le chéile – ach más fiú rud éigin a dhéanamh, is fiú é a dhéanamh i gceart!

⊚ Eagraigh roinnt daoine chun dord íseal a dhéanamh – ach ná déan gáire.

⊚ Eagraigh an rang ar fad le gleo a dhéanamh le páipéar nuair nach bhfuil an múinteor ag féachaint

⊚ Lig oraibh go bhfuil nótaí á chur timpeall agaibh ó dhuine go duine ach fág an píosa páipéar bán. Ní bheidh aon rud le tabhairt amach ag an múinteor faoi nuair a fheiceann sé é.

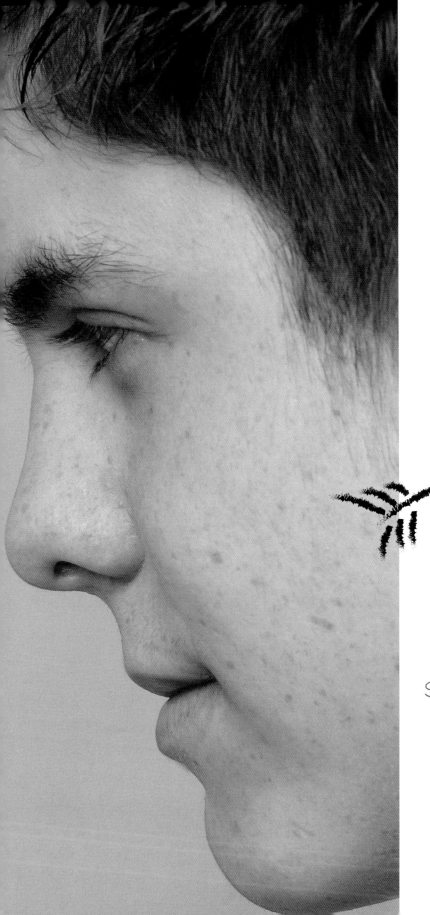

Cúpla focal
comhairle
faoi chúrsaí

**GRÁ**

le

MAIDHC
agus
AIFRIC

Tá an-eolas ag
Maidhc agus ag Aifric
ar scéal casta an ghrá.
Seo an chomhairle atá ag
an mbeirt acu – do na
leads agus do na cailíní...

# MAIDHC – cúpla focal comhairle do na buachaillí

A leads, cuimhnigí ar an méid seo –
nuair a bhíonn tú ag dul amach le cailín, is fiú a bheith
cineálta ón gcéad lá. Íoc as beagnach gach rud duit féin
agus íoc don chailín ar a laghad uair sa mhí

Ceannaigh bronntanas beag di anois is arís, chun an spéis a choinneáil sa chaidreamh.

Nuair a fhiafraíonn sí díot 'an oireann an gúna seo dom?', SEACHAIN! Sin ceist chontúirteach.
Ná bac le haon rud ar leith a rá – ar nós "Oireann cinnte! Is breá liom an dath sin ort".
Má dhéanann tú é sin, cuirfidh sise ceisteanna casta ort faoin dath seo agus an dath siúd agus
ní bheidh deireadh go deo leis. Tá sé i bhfad níos sábháilte rud éigin ginearálta a rá ar
nós 'Tá an gúna sin go hálainn ort, a stór. Ach bheadh mála plaisteach go haoibhinn ortsa!'.

Nuair a bhíonn tú ag cómhrá léi, cuir roinnt ceisteanna uirthi anois is arís. Taispeánann
sé sin go bhfuil spéis agat sa mhéid atá á rá aici Abair rudaí ar nós "Agus
conas ar bhraith tusa faoi sin?" Ceapfaidh sí go bhfuil tú an-tuisceanach!

Agus an riail órga- ná luaigh an focal "ramhar" riamh.
Fiú má tá sé fíor.

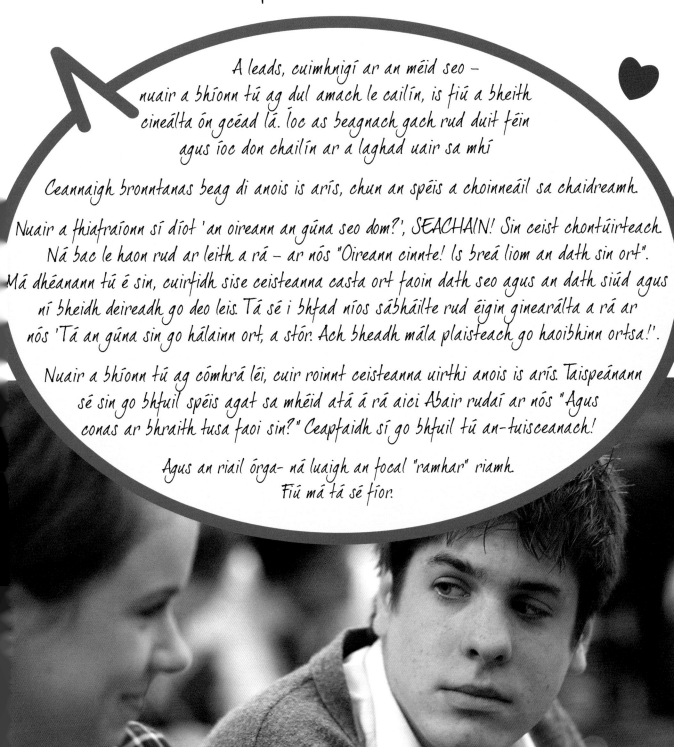

# Agus comhairle do na Cailíní–

Má tá suim ag do bhuachaill i
gcaitheamh aimsire ar leith, déan iarracht beagán
suime a chur ann tú féin Tá sé tábhachtach go mbeadh rud
éigin agaibh gur féidir libh caint faoi. Ach ná cuir an iomarca
ceisteanna air. Má chailleann do bhuachaill cluiche peile, mar
shampla, ná cuir ceist ar nós "Agus conas ar bhraith tusa faoi?" Abair rud
éigin ar nós "caithfidh gur amadán mór dúr é an reiteoir sin!" Ceapfaidh sé
go bhfuil tú an-tuisceanach!

Ar an taobh eile den scéal, ní maith an rud é an iomarca a bheith ar eolas agat faoi
chúrsaí spóirt (nó aon ábhar a bhfuil suim faoi leith ag do bhuachaill ann). Is maith le
buachaill rudaí a mhíniú duit

Nuair a bhíonn na leads eile a bhfuil do bhuachaill cairdiúil leo timpeall, bí beagáinín
ceanúil leis, mar taispeánann sé sin nach bhfuil suim agat in aon bhuachaill eile.
Ach tabhair a dhóthain spáis dó chomh maith. Agus pé rud a dhéanann tú, ná bí ag
tabhairt aire dó os comhair buachaillí eile – cailín atá uaidh, ní mamaí!

Tabhair seans dó tráthnóna nó dhó a chaitheamh leis na leads, chun a scíth a
ligint – ní gá daoibh a bheith le chéile an t-am ar fad

Ná caith an iomarca den stuif sin a chuireann dath gréine ort.
Níl aon bhuachaill ag iarraidh a bheith ag siúl amach le satsuma.

Agus an riail órga: Nuair a bhíonn tú féin agus é féin
ag ithe- NÁ TÓG AON
BHIA ÓNA PHLÁTA!

# AIFRIC - Cúpla focal comhairle do na cailíní

Bí mar tú féin i gcónaí. Ná bac le
buachaill nach bhfuil sásta glacadh leat mar atá tú.

Má thiteann tú i ngrá, ná déan dearmad faoi do chairde féin riamh.
Caith roinnt ama leo siúd chomh maith, mar beidh siad uait nuair a dhéanann an
buachaill rud éigin nach dtaitneoidh leat – agus tarlóidh sé sin lá éigin – bí cinnte de!

Tabhair aird ar do bhuachaill. Déanann sé maitheas dá ego. Tá an-spéis ag gach
buachaill ann féin – ach ná habair leo riamh é!

Ná tosaigh ag caoineadh nuair nach bhfaigheann tú do shlí féin.
Cuireann caoineadh eagla ar bhuachaillí, ach ní
ar bhealach maith.

Ná cuir seó ar siúl do do chailín
nuair atá do chairde leat. Ní maith linn é sin.

Ná bí ag magadh faoi do chailín nuair a bhíonn do chairde
timpeall Bí mar a bhíonn tú nuair nach mbíonn ann
ach tú féin agus í féin

Déan iarracht íoc as rudaí go rialta. Taispeánann sé gur duine uasal tú.

Bí cinnte go roinneann tú do chuid ama go cúramach idir do chailín agus do chairde.
Caithfidh tú taispeáint go bhfuil do chailín ar a laghad chomh tábhachtach le do chairde.

Ná bí ag caint le do ghrá geal faoi na hábhair a thaithníonn leat féin i gcónaí.
Cuir ceist uirthi faoi rudaí a bhfuil suim aici siúd ann.

Tabhair aird ar an tslí a fhéachann sí. Má chuireann sí an-stró uirthi féin
gléasadh suas duit agus sibh ag dul amach, abair amach é.

Nuair a bhíonn tú i gcomhluadar do chailín féin, ná bí ag féachaint ar
chailíní eile agus níos mó suime agat iontu siúd ná mar atá agat inti féin

Agus an riail órga: Is é breithlá do chailín
an lá is tábhachtaí sa bhliain.
NÁ DÉAN DEARMAD AIR

Agus comhairle do na buachaillí

# Seal leis na réaltaí –
# Sláine Hutchinson a dhéanann páirt Claudia

### Cén t-ainm iomlán atá ort?
Sláine Éibhlín Hutchinson.

### An bhfuil aon difríocht idir tú féin agus do charachtar?
Ceapaim go bhfuil difríocht ollmhór idir me fhéin agus mo charachtar. Is cailín drochmhúinte agus loitithe í Claudia. Ní dóigh liom gur mar a chéile muid in aon chor.

### Céard é an rud is fearr leat faoi bheith ag obair ar Aifric?
Is dócha an chraic ar fad a bhíonn againn ar seit agus an cairdeas ar fad atá cruthaithe agam leis na daoine eile. Is breá liom aisteoireacht agus mar sin ní obair é i ndáiríre.

### Céard é an rud is measa?
Nuair a bhíonn orm bheith i mo dhúiseacht go luath ar maidin - ach ní rud ró-mhór é sin.

### Céard a cheannaigh tú le do chéad seic ón seó?
Chuaigh mé ag siopadóireacht leis na cailíní eile ó Aifric agus cheannaigh mé éadaí agus smidiú den chuid is mó.

### An mbíonn tú neirbhíseach nuair a chloiseann tú *AICSEAN*?
Nuair a thosnaigh mé ag obair ar Aifric ar dtús bhí mé an-neirbhíseach. Ach chuaigh mé i dtaithí air tar éis cúpla lá agus anois táim breá compórdach ós comhair an cheamara.

### An mbíonn náire ort nuair a bhíonn ort duine a phógadh ar an teilifís?
Is dócha go mbíonn náire de shaghas éigin ar gach duine nuair a bhíonn orthu duine a phógadh ós comhair ceamara den chéad uair. Ach má bhíonn tú compórdach leis an duine eile ní haon rud mór é. Ar nós gach rud eile bíonn ort dul i dtaithí air!

### Céard ba mhaith leat a dhéanamh sa saol seachas aisteoireacht?
Faoi láthair táim sa dara bliain sa chúrsa BA. sa Chumarsáid ar an gCeathrú Rua, i gConamara. Cúrsa ceithre bliana atá ann. Nílim róchinnte go fóill cad ba mhaith liom a dhéanamh amach anseo, ach tá an-suim agam sa láithreoireacht teilifíse. Ceapaim gur inspioráid iad Síle Ní Bhraonáin agus Gráinne Seoige.

Ná bac le Shakespeare – tá sé leadránach agus tá Béarla an-aisteach aige.
Bain triail as na línte áille seo ó Aifric, ón gclár

# "Cá bhfuil mo Romeo?"

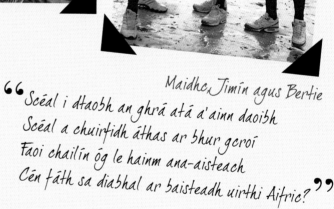

Maidhc, Jimín agus Bertie

66 Scéal i dtaobh an ghrá atá a'ainn daoibh
Scéal a chuirfidh áthas ar bhur gcroí
Faoi chailín óg le hainm ana-aisteach
Cén fáth sa diabhal ar baisteadh uirthi Aifric? 99

Aifric

66 A Sophie dhíl, a rúin mo chroí
Cé hé an stócach sin ina shuí
Ag comhrá leis an óinseach bhoath
An dúradán sin Claudia? 99

Sophie

66 Nár chuala tú aon chomhrá faoi?
Prionsa é ón tír aniar
Bíonn na mná ag rith 'na dhiaidh
Jeaic atá mar ainm air. 99

Jeaic
66 A Aifricín na dtíortha teo
Ón áit a mbíonn an saol faoi shó
Tá grá a 'am duit is beidh go deo
An bpósfaidh tú mé amárach? 99

75

# CLUICHE

An bhfuil an cumas ionatsa a bheith i do réalta teilifíse ar nós Aifric? An bhfuil tú misniúil? An bhfuil tú foighdeach? Bain triail as an gcluiche seo go bhfeicfidh tú.

**Conas imirt:**
- ✼ Dísle
- ✼ Cnaipí (do na daoine atá ag imirt)
- ✼ ...ar a laghad beirt agaibh chun imirt
- ✼ Lean na treoracha sna boscaí

**Gearr amach na cnaipí agus imir leis an gcarachtar is deise leat!**

# AIFRIC

| 41 | 42 | 43 | 44 | 45 | 46 | 47 | 48 |
|---|---|---|---|---|---|---|---|
| | Tagann iriseoir chun cainte leatsa, an réalta – bog ar aghaidh trí spás. | | Faigheann an clár gradam-bog ar aghaidh dhá spás | | | Cailleann tú do ghuth – téigh siar 7 spás. | LEITIR LÁR |
| 40 | 39 | 38 | 37 | 36 | 35 | 34 | 33 |
| Déanann tú dearmad ar do chuid línte i radharc mór-caill do chéad seans eile. | | | Ceannaíonn Janis gúna nua duit-bog ar aghaidh dhá spás. | | Déanann Traolach rud gránna ort – téigh siar trí spás. | | Tugann Sophie bronntanas duit-bog ar aghaidh 3 spás. |
| 25 | 26 | 27 | 28 | 29 | 30 | 31 | 32 |
| | Tá tú déanach don chleachtadh-téigh siar trí spás | | Is breá leat na burgair Tigh Bhaba-bog ar aghaidh dhá spás. | | | Caithfidh tú dán a fhoghlaim i do script-abair dán nó téigh siar cúig spás. | |
| 24 | 23 | 22 | 21 | 20 | 19 | 18 | 17 |
| | | Faigheann tú barróg ó Mhaidhc-bog ar aghaidh 3 spás. | | Bíonn ort dul chuig ceolchoirm Tom de Spáinn-caill do chéad seans eile. | | | |
| 9 | 10 | 11 | 12 | 13 | 14 | 15 | 16 |
| Tá an stiúrthóir sásta leat – bog ar aghaidh dhá spás. | | | Tá tú tínn, téigh siar dhá spás. | | | | Faigheann tú páirt sa chlár-bog ar aghaidh trí spas. |
| 8 | 7 | 6 | 5 | 4 | 3 | 2 | 1 |
| | Faigh bearradh gruaige-caill do chéad seans eile. | | | Caithfidh tú canadh ag an éisteacht – can véarsa den amhrán is fearr leat nó tosaigh arís. | Tá éisteacht faighte agat le bheith páirteach in Aifric -bog ar aghaidh 3 spás. | | |

Caith an dísle. Téann duine leis an scór is mó ar aghaidh ar dtús

# Nóiméad le Gráinne Pollak – Bróna

Ainm iomlán: *Gráinne Milena Pollak*

Dáta breithe: *19ú Meitheamh 1989*

Réalta: *an Cúpla*

**NA RUDAÍ IS FEARR LEAT:**

Bia: *Pasta, pizza, cous cous, cáis de gach sórt agus rudaí milse, seacláid ach go háirithe*

Cineál Ceoil: *is iad na ceoltóirí is fearr liom ná The Shins, Paolo Nutini, Fionn Regan, The Killers, Kings of Leon, Regina Spektor agus ceol Disney.*

Dath: *Glas, buí agus Corcra*

Am den bhliain: *Samhradh... agus an Nollaig chomh maith*

Póg nó barróg: *Barróg*

Fionn nó donn: *Donn*

Bándearg nó dubh: *Dubh*

Bróga – ard nó íseal: *íseal*

Cathair nó tuath: *Cathair*

Milis nó searbh: *Milis*

Teilifís nó leabhar: *Teilifís*

# Conas a dhéantar Aifric?

Tá i bhfad níos mó i gceist ná duaiseanna IFTA agus tiomáint thart ar Chonamara i limo. Tá obair chrua ag baint leis an gclár Aifric a dhéanamh. Seo mar a dhéanaimid é...

Smaoinimid ar scéal ar dtús...

Imíonn Aifric ar saoire go Barbados?

Faigheann Aifric dandruff?

Ró-leadránach!

Bíonn Aifric i dtimpiste bóthair agus níl sí in ann siúl níos mó?

Ró-bhrónach!

Ró-dhaor!

Ansin, scríobhann an scríobhneoir achoimre den scéal

CLIC CLIC CLIC

CLIC CLIC CLIC

Pléann sé leis an eagarthóir scripte é

Seo linn arís!

Is breá liom an píosa seo, ach...

CLIC CLIC CLIC CLIC CLIC

80

# Seal leis na réaltaí – Eoin Ó Dubhghaill – Bertie

### Cén t-ainm iomlán atá ort?
Eoin Máirtín Peadar Ó Dubhghaill

### An bhfuil aon difríocht idir tú féin agus do charachtar?
Tá go leor difríochtaí idir mé féin agus Bertie! An t-aon chosúlacht atá eadrainn ná go bhfuil spéaclaí ar an mbeirt againn.

### Céard é an rud is fearr leat faoi bheith ag obair ar Aifric?
An t-airgead!!! Níl mé ach ag magadh! An rud is fearr faoi bheith ag obair ar Aifric ná a bheith ag castáil le daoine nua agus an chraic a bhíonn againn taobh thiar den cheamara.

### Céard é an rud is measa?
Éirí luath ar maidin! Is maith liom mo chodladh ach ní fhaighim mórán deise fanacht sa leaba leath an lae nuair a bhím ag obair ar Aifric.

### Céard a cheannaigh tú le do chéad seic ón seó?
Cheannaigh mé giotár nua tá mé ag ceapadh ach tá sé chomh fada ó shin nach bhfuil mé cinnte.

### An mbíonn tú neirbhíseach nuair a chloiseann tú *AICSEAN*?
Bhí mé neirbhíseach ar an gcéad lá ach anois bím ag súil leis.

### An bhfuil sé deacair na línte go léir a fhoghlaim?
Amannta. Má bhíonn go leor línte agam bíonn sé deacair ach go hiondúil ní bhíonn.

### An mbíonn náire ort nuair a bhíonn ort duine a phógadh ar an teilifís?
An chéad phóg a bhí orm a dhéanamh bhí mé neirbhíseach ach ní raibh aon náire orm.

# Dialann Mhaidhc

Dé hAoine an 26ú
Ag obair Tigh Bhaba gach deireadh seachtaine anois. Tháinig Ó Céide isteach. Tugann Baba "A Ryan, a ghráin" air! Amach liomsa le cupán caifé dó. "Seo dhuit, a Ryan a ghráin! a dúirt mé. Thosaigh gach duine ag pléascadh ag gáire. Ní raibh sé róshásta.

Dé Luain 29ú
Stop Ó Céide sa gclós mé. "A Mhic Uí Mhurchú" a deir sé. "Nuair a chasann tú orm taobh amuigh den scoil, caithfidh tú meas a thaispeáint dom. An dtuigeann tú é sin?"

Dé hAoine 3ú
Cé a tháinig isteach tigh Bhaba tráthnóna ach Ó Céide – le bean Chuir sí Reese Witherspoon i gcuimhne dom. Chuala mé ag caint iad "Ní raibh mé riamh ar blind date cheana!" a dúirt sí. Blind date!! Tigh Bhaba! "Chuaigh mé amach le múinteoir uair amháin" a dúirt Reese, ar ball. "Is fuath liom iad! Céard a dhéanann tú féin?" Bhí dath bán ar éadan Ryainín bhoicht. Áá – píolóta" a deir sé. Píolóta!!!

Ar ais liom leis an mbia don bheirt acu. "Ó Dia dhuit a mháistir" a deirim. "Go raibh maith agat" arsa an Captaen Ó Céide. "So, a mháistir, ar mhaith leat aon rud eile, a mháistir?" a deirim leis. "Níor mhaith" arsa an píolóta mór, ag breathnú orm ar nós gur ball mé d'Al Qaeda a bhí tar éis briseadh isteach i gcábán a 777. "Bhuel a mháistir, má bhíonn aon rud eile uait a mháistir, níl ort ach glaoch orm, a mháistir. Ach ná cuir i mo sheasamh amach sa chúinne arís mé, a mháistir, mar a tharla an lá cheana nuair a chuir mé bainne i do chuid caifé trí thimpiste, a mháistir".

Anois bhí dath bán ar éadan Iníon Uí Witherspoon "A mháistir?" a deir sí "Ryan? ...."

88

# Aimsigh na difríochtaí

Súil ghéar a theastóidh don cheann seo – tá sé cinn de dhifríochtaí arís idir an dá phictiúr seo…

Freagraí ar leathanach 103

# Nóiméad le Norah Ellen Ní Eidhin – Aisling

**Ainm iomlán:** Norah Ellen Ní Eidhin

**Dáta breithe:** 27ú Bealtaine 1990

**Réalta:** An Cúpla

**NA RUDAÍ IS FEARR LEAT:**

**Bia:** Seacláid

**Cineál Ceoil:** Is breá liom gach saghas ceoil ach go mór mór ceoltóirí le glór láidir acu, ar nós Whitney Houston, Celine Dion agus Mariah Carey Is maith liom freisin Jon Bon Jovi agus Nickelback

**Dath:** Is breá liom an dath buí

**Am den bhliain:** Is é an t-am den bhliain is fearr liom ná an Samhradh

**Póg nó barróg:** Barróg

**Fionn nó donn:** Donn

**Bándearg nó dubh:** Is deise liom an dath dubh, ní dath é bándearg a thaitin liom riamh.

**Bróga – ard nó íseal:** Is breá liom gach saghas bróg ach caithfidh mé a rá nach mbuailfeadh tada an sála ard. Is tá mé i mo chéas á gceannacht!

**Cathair nó tuath:** An tuath ar ndóigh! Is breá liom a bheith i mo chónaí faoin tuath.

**Milis nó searbh:** Searbh

**Teilifís nó leabhar:** Teilifís

# Ar chúl an cheamara

Bíonn an t-uafás oibre i gceist le sraith drámaíochta ar nós Aifric a dhéanamh. Bíonn foireann mhór ag obair ar an gclár, agus bíonn siad an-ghnóthach.

Ceapann go leor daoine gur i scoil a dhéantar an taifeadadh. Ach i stiúideo scannán i gConamara a dhéantar é. Tá gach seit tógtha go speisialta don chlár.

Uaireanta, bíonn orainn seiteanna speisialta a thógáil, cosúil leis an gclub dornálaíochta sa chlár "Clann ár gClainne".

Bíonn go leor oibre ag baint leis na seiteanna a mhaisiú

Caitheann an lucht smidithe an-chuid ama ag déanamh cinnte go bhfuil na haisteoirí ag breathnú i gceart......

Thóg sé leathuair an chloig an goirín álainn seo a chur ar smig Aifric don chlár "An Craiceann is a Luach"!

Bíonn go leor cineálacha éadaí ag teastáil don chlár seo.....

Éadaí scoile...

Éadaí Rómhánacha...

Éadaí aisteacha!

Agus ní déagóirí amháin a bhíonn ag aisteoireacht sa chlár.

Is é Billy Keady an stiúrthóir grianghrafadóireachta.
Tá an-taithí aige ar gach cineál obair theilifíse. Déantar
an clár a thaifeadadh ar théipeanna físeáin.

Sula dtosaíonn an taifeadadh, éisteann na haisteoirí
go cúramach le treoracha an stiúrthóra, Paul Mercier.

Bíonn uimhir ar leith ar gach radharc agus ar gach téic. Féachann an t-eagarthóir ar na huimhreacha seo nuair a bhíonn sé nó sí ag cur an scéil ar fad le chéile.

Ceann de na cleasanna is mó a bhaineann le haisteoireacht teilifíse agus scannán ná ligint ort nach bhfuil an ceamara ann – fiú nuair a bhíonn sé an-ghar duit!

Tógtar pictiúr den chineál seo de gach aisteoir tar éis dóibh radharc a dhéanamh. Bíonn uimhir na heapasóide, uimhir an radhairc agus uimhir an lae sa scéal scríofa ar an gclár dubh beag. Má bhíonn ar na haisteoirí an radharc a dhéanamh arís i gceann seachtaine, cuir i gcás, caithfidh siad féachaint díreach mar an gcéanna. Úsáidtear na grianghrafanna seo le seiceáil go bhfuil na héadaí céanna orthu agus go bhfuil a gcuid gruaige agus gach rud mar an gcéanna.

Bíonn Clíona bhocht (Aifric) ag obair chomh dian sin, is ar éigean go mbíonn an t-am aici a breithlá a cheiliúradh!

# Dialann Mhaidhc

**Dé Céadaoin 3ú**
Dé hAoine beag seo breithlá Aifric! Seo é mo sheans! Bronntanas deas agus cuireadh chuig mo theach le haghaidh cilí con carne. Oibríonn sé sin i gcónaí! (Bhuel níor oibrigh sé riamh, ach...)

**Déardaoin 4ú**
Chaith mé €25 ag fáil ticéidí do Mham agus Daid le dul ag éisteacht le seanlead éigin ag casadh ceol uafásach istigh sa mbaile mór. €25! Ach b'fhiú é.

**Dé Sathairn 6ú**
Siar liom tigh Aifric, breá luath, le cuireadh a thabhairt do mo ghrá geal chuig dinnéar álainn rómánsúil Isteach an geata liom. Ansin chuala mé glórtha. Léim mé isteach taobh thiar de sceach. "Ach ní bheidh mo bhreithlá ann go dtí amárach – ó a Bhertie! Tá sé go hálainn!" Ansin chonaic mé í – ag pógadh Bertie – ar an leiceann!

**Dé Domhnaigh 7ú**
Ní raibh mé in ann éirí as an leaba. Bertie! Mo chara is fearr. Beagnach. Ag sciobadh mo chailín!

**Dé Luain 8ú**
Chuala mé Sophie agus Aifric ag caint ag na taisceadáin "Lampa smugairle róin! "a dúirt Sophie agus í ag gáire. "Tá a fhios agam" arsa Aifric "Ach an lead bocht – chuir sé oiread oibre isteach ann" Thosaigh Sophie ag gáire. "Ááá – Bertie agus Aifric!" "Ó dún do chlab" arsa Aifric "Le fírinne, bhí mé saghas ag súil le bronntanas ó dhuine éigin eile... "
"Ó – hi a Mhaidhc!" arsa Sophie go hard Chas Aifric thart Chonaic sí mé. Tháinig dath dearg ar a héadan.....

# An bhfuil tusa chomh dona le Claudia?

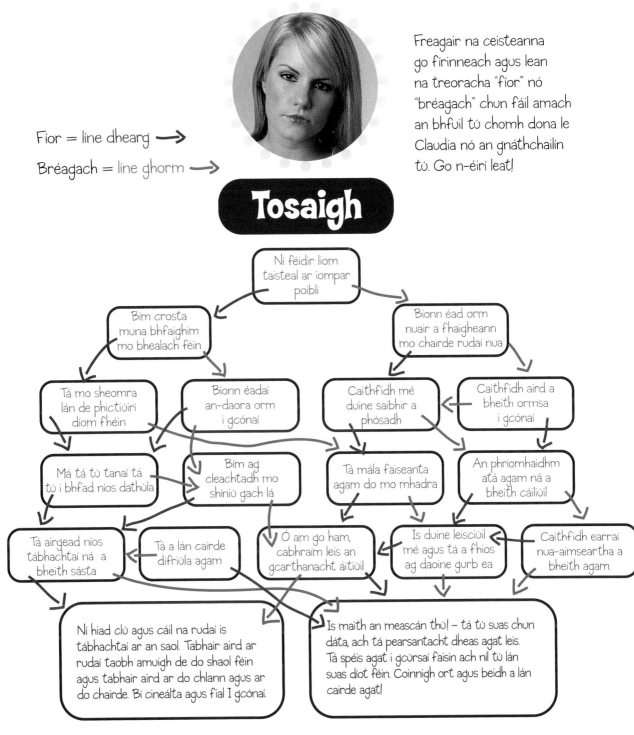

Freagair na ceisteanna go fírinneach agus lean na treoracha "fíor" nó "bréagach" chun fáil amach an bhfuil tú chomh dona le Claudia nó an gnáthchailín tú. Go n-éirí leat!

Fíor = líne dhearg →
Bréagach = líne ghorm →

## Tosaigh

Ní féidir liom taisteal ar iompar poiblí

Bím crosta muna bhfaighim mo bhealach féin

Bíonn éad orm nuair a fhaigheann mo chairde rudaí nua

Tá mo sheomra lán de phictiúirí díom féin

Bíonn éadaí an-daora orm i gcónaí

Caithfidh mé duine saibhir a phósadh

Caithfidh aird a bheith ormsa i gcónaí

Má tá tú tanaí tá tú i bhfad níos dathúla

Bím ag cleachtadh mo shíniú gach lá

Tá mála faiseanta agam do mo mhadra

An phríomhaidhm atá agam ná a bheith cáiliúil

Tá airgead níos tábhachtaí ná a bheith sásta

Tá a lán cairde difriúla agam

Ó am go ham, cabhraím leis an gcarthanacht áitiúil

Is duine leisciúil mé agus tá a fhios ag daoine gurb ea

Caithfidh earraí nua-aimseartha a bheith agam.

Ní hiad clú agus cáil na rudaí is tábhachtaí ar an saol. Tabhair aird ar rudaí taobh amuigh de do shaol féin agus tabhair aird ar do chlann agus ar do chairde. Bí cineálta agus fial I gcónaí.

Is maith an meascán thú! – tá tú suas chun dáta, ach tá pearsantacht dheas agat leis. Tá spéis agat i gcúrsaí faisin ach níl tú lán suas díot féin. Coinnigh ort agus beidh a lán cairde agat!

99

# Baineann Aifric Duaiseanna!

101

# Conas a d'éirigh leat?

# Freagraí na gceisteanna

## Cé mhéad aithne atá agat ar Aifric? – Páipéar 1 – Ceisteanna ar leathanach 20.

1. de Spáinn
2. Rac
3. Traolach
4. Pobalscoil Leitir Láir
5. Maidhc, Bertie agus Jimín.
6. Jeaic de Bhailís.
7. An Smugairle Róin.
8. "Géibheann" le Caitlín Maude
9. Iníon Uí Chlochartaigh
10. Marie

## Cé mhéad aithne atá agat ar Aifric? – Páipéar 2 – Ceisteanna ar leathanach 46.

1. Club Mata
2. Claudia
3. Dathúil
4. Dath Dubh
5. Teenage Kicks
6. An Pholainn
7. Bláth
8. Traolach
9. Dath gorm
10. Seacht mbliana déag (17)

## Aimsigh na difríochtaí
Leathanach 27

1. Bráisléad ar iarraidh ar láimh Aifric

2. Carbhat ar Thraolach

3. Pictiúr ar iarraidh os cionn na tine

4. Dath gorm ar chiorcal ar scaif Janis

5. Próca ar iarraidh ar bhord in aice na tine

6. Pátrún ar iarraidh ar bhrat ar an gcathaoir taobh thiar d'Aifric

## Aimsigh na difríochtaí
Leathanach 34

1. Cúl suíocháin ar iarraidh ag bun, ar chlé

2. Cóipleabhar ar iarraidh ón mbinse ar barr, ar dheis

3. Dath gorm ar bhanda gruaige Jennifer

4. Póstaer dearg taobh thiar de Bhertie, ar dheis ar iarraidh

5. Carbhat Jimín ar iarraidh

6. Clip ghruaige ar chloigeann Aifric ar iarraidh

## Aimsigh na difríochtaí
Leathanach 89

1. Muga ar an mbord ar iarraidh

2. Dath gorm ar bhratach os cionn chloigeann Mhaidhc ar chlé

3. Dath gorm ar ribín Jennifer

4. Líne bhuí ar chulaith Ghrunge ar iarraidh

5. Pátrún dearg ar ghúna an chailín ina suí ar dheis ó Aisling

6. Dath bándearg ar logo ar bhróg Mhuireann